Willkommen in meinem Universum.

Ich glaube ganz fest daran, dass es ein Wunschuniversum gibt. Eines, das mich immer umgibt, mich blind versteht, mir Zeichen sendet und mir Herzenswünsche erfüllt. Doch das mit dem Universum funktioniert nur, wenn ich meinen Teil des Deals einhalte.

Was genau dieser Deal beinhaltet und wie auch du dir deine Wünsche erfüllen kannst, zeige ich dir in thematisch gegliederten Kapiteln. Ich nehme dich ein Stück weit an die Hand. Zeige dir, wie ich mit meinem Universum kommuniziere und schubse dich ganz liebevoll in Richtung Wunscherfüllung. Diese Reise wird manchmal etwas beängstigend sein, dich oft emotional an deine Grenzen bringen und immer – wirklich immer – jede Sekunde deiner Zeit und Hingabe wert gewesen sein.

Gemeinsam begeben wir uns auf die Suche nach den Dingen und Gefühlen, die dir auf der Seele brennen, senden sie aus und tun gemeinsam alles dafür, damit aus Wunschdenken eine traumhafte Realität wird.

ICH WÜNSCH MIR WAS
– MACHST DU MIT?

DIESES WORKBOOK GEHÖRT

So nutzt du dein Workbook.

Zu Beginn jedes Kapitels findest du den Wunschfinder, in dem du deinen konkreten Wunsch ans Universum formulierst. Das klingt erstmal sehr einfach, doch oft haben Wünsche einen tiefergehenden Gedanken, den wir übersehen. Im Laufe meines Lebens habe ich einige meiner Wünsche abgeändert, weil ich merkte, dass sie nicht wirklich dem entsprachen, was mir auf dem Herzen lag.

Nachdem du deinen Wunsch formuliert hast und dir meine Methoden zum Manifestieren und Visualisieren durchgelesen hast, bist du bereit für den Wunscherfüller. Nun arbeitest du aktiv an der Realisation und integrierst den Wunsch in deinen Alltag.

Die Affirmationen und Zeichen aus dem Universum bilden den Dialog zwischen dir und deinem Wunschuniversum ab. Du sendest deine Gedanken und Taten aus und erhältst kleine, große und magische Zeichen zurück – bis dein Wunsch schließlich in Erfüllung geht.

Inhaltsverzeichnis.

Richtig wünschen.

Um mit deinem Universum auf der gleichen Wellenlänge zu funken, gilt es, einige Regeln bei der Formulierung und Ausübung deines Wunsches zu beachten. Keine Sorge, es ist nicht schwierig. Ich erkläre es dir Schritt für Schritt an einem simplen Beispiel:

ICH WILL, DASS ES AUFHÖRT ZU REGNEN

Aber so kann der Wunsch noch nicht stehenbleiben.

01

FINDE DIE ESSENZ DEINES WUNSCHES.

Es soll nicht mehr regnen, klar. Doch wieso? Ich möchte unbeschwert im Park sitzen. Lachen, entspannen und Sonnenstrahlen einfangen. Das ist die Grundlage meines Wunsches, also formuliere ich dies auch.

02

BENUTZE POSITIVE FORMULIERUNGEN.

Das Universum versteht keine Verneinung. Wenn ich sage: »Denke nicht an Regen«, wirst du automatisch Regen vor deinem inneren Auge sehen. Genauso funktioniert auch das Universum. Womit du dich beschäftigst, das wird dir geschickt.

03

FORMULIERE, ALS WÄRE DEIN WUNSCH BEREITS ERFÜLLT.

Alle Wünsche schwirren in ihrer erfüllten Form bereits im Universum herum und warten auf ein Zeichen. Formuliere ich nun in der Zukunft, wird das Ende des Regens immer unerreichbar sein. Denke und formuliere ich in der Gegenwart, kann mein Universum mein Zeichen empfangen, sobald der »Jetzt«-Zeitpunkt gekommen ist.

04

LEBE, ALS WÄRE DEIN WUNSCH BEREITS ERFÜLLT.

Gar nicht so einfach, wenn die Regentropfen vom Wind ans Fenster gepeitscht werden. Bei diesem Schritt ist Zuversicht gefragt. Ich vertraue darauf, dass die Wolken weiterziehen, ich mache Pläne mit meinen Liebsten und male mir aus, wie die Sonne mein Gesicht wärmt.

05

SEI BEREIT, DEINEN WUNSCH ZU EMPFANGEN.

Sobald ein Zeichen für die Erfüllung des Wunsches sichtbar wird – egal wie klein es auch sein mag –, nimm es wahr und sei bereit! In meinem Fall bedeutet das, den Riss in den Wolken zu zelebrieren, einen gepackten Picknickkorb bereitzustellen und keine Pläne zu haben, die dem Wunsch in die Quere kommen könnten.

Versuchen wir das Ganze also noch einmal richtig:

LIEBES UNIVERSUM, ICH GENIESSE GEMEINSAM MIT MEINEN LIEBSTEN EINEN TAG IN DER SONNE

Nun ist der Wunsch bereit für die Reise durchs Universum.

06

Wunsch abschicken.

Der Kreis steht symbolisch für mein ganz persönliches Wunschuniversum. Er ziert als Tattoo meinen linken Arm und ich berühre ihn immer dann, wenn ich einen neuen Wunsch auf die Reise schicke. Ich leihe dir meine direkte Verbindung ins Universum gerne – probiere es aus!

Bestandsaufnahme.

Bevor wir nun mit dem Wünschen loslegen, schauen wir uns zunächst einmal an, was zurzeit so in deinem Leben los ist. Nimm dir vor dem Ausfüllen dieser Seite ein paar Momente zum Durchatmen und schreibe ganz frei aus dem Bauch heraus. Reflektiere deine Angaben und begegne ihnen mit ganz viel Liebe und Geduld.

IN DIESEN BEREICHEN IN DEINEM LEBEN ...

... BIST DU WUNSCHLOS GLÜCKLICH.

THOUGHTS BECOME THINGS.

... WÜNSCHST DU DIR VERBESSERUNG.

WELCHE DIESER WÖRTER SPIELEN MOMENTAN EINE ROLLE IN DEINEM LEBEN?

Innen			Außen
Glück	○	○	Familie
Liebe	○	○	Urlaub
Freundschaft	○	○	Bildung
Neid	○	○	Haus
Angst	○	○	Job
Glaube	○	○	Erfolg
Selbstbewusstsein	○	○	Geld
Zweifel	○	○	Karriere
Vertrauen	○	○	Aussehen
Achtsamkeit	○	○	Auto
____________	○	○	____________
____________	○	○	____________
____________	○	○	____________
____________	○	○	____________

Wunschpool.

Sieh dir deine Bestandsaufnahme erneut an. Brennen dir schon jetzt Wünsche auf dem Herzen, die du dir unbedingt erfüllen möchtest? Sammle all die ungeordneten Gedanken und Wunschträume auf dieser Seite. Um die Ordnung kümmern wir uns dann später gemeinsam.

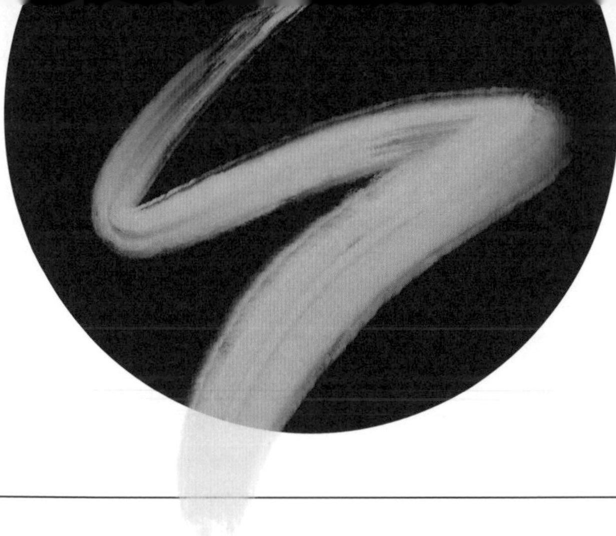

01 – Das Universum & die Liebe.

”

ERST, WENN ICH MIR SELBST
DIE LIEBE SCHENKE, DIE ICH
VON EINEM PARTNER ERWARTE,
ERLAUBE ICH MIR, MEIN HERZ
ERNEUT ZU ÖFFNEN.

Wunschfinder.

IST - ZUSTAND

Halte fest, welche Rolle die Liebe momentan in deinem Leben spielt. Hat sie den Stellenwert, den du ihr gerne geben würdest? Wie lässt sie dich empfinden und wie lebst du sie im alltäglichen Leben?

WUNSCH - ZUSTAND

Schreibe auf, wie du die Liebe von nun an in deinem Leben fühlen möchtest. In welcher Form soll sie ein Teil von dir sein, wer darf sie dir entgegenbringen und wem schenkst du sie in deinen Träumen auf welche Weise?

Fokus-Wörter.

Gehe nun deine Gedanken zum Wunsch-Zustand auf der vorherigen Seite durch. Welche drei Wörter – Gefühle, Menschen, Dinge – sind dir dabei am wichtigsten? Schreibe sie in die Kästchen und führe aus, wieso genau diese drei Wörter ein Teil deines Wunsches sein werden.

Formulieren.

Bestimme nun die Basis deines Wunsches für das Liebes-Universum mit deinen Fokus-Wörtern im Hinterkopf. Befolge bei der Formulierung die Schritte aus der Übersicht Richtig wünschen und sende deinen Wunsch auf den Seiten 06-07 ins Universum.

LIEBES UNIVERSUM,

Tipps & Tricks zum Wünsche erfüllen.

Bevor du nun damit beginnst, deinen Wunsch aktiv zu verwirklichen, möchte ich dir zeigen, wie ich mir meinen Wunsch nach bedingungsloser Liebe erfüllt habe. Ich bin mir sicher, dass der ein oder andere Tipp in deiner ganz persönlichen Abwandlung perfekt zu dir und deinem Universum passt.

DENKEN

01 GEMEINSAME ZUKUNFTSGESCHICHTEN AUSMALEN

Auch ohne Vorstellung davon, wer in mein Leben treten würde, habe ich mir unsere gemeinsame Zukunft bereits lebensecht ausgemalt. Meine Liebe und ich am Strand oder beim Händchenhalten im Park. Sogar kleine Streits, nach denen wir uns voller Liebe trotzdem um den Hals fielen, dachte ich mir aus. Irgendwann sind diese Szenarien Erinnerungen statt Wunschdenken – zweifellos.

02 AFFIRMATIONEN WIEDERHOLEN UND WIEDERHOLEN

Durch die Wiederholung kurzer Sätze knüpft unser Gehirn neue Verbindungen, bis die ausgedachten Worte nicht mehr nur so dahingesagt sind, sondern sich echt anfühlen. Eine meiner liebsten Affirmationen – und ich habe so einige – lautet: »Ich werde bedingungslos geliebt. Ich liebe bedingungslos.«

03 LIEBENSWERTES SEHEN – BESONDERS IN MIR SELBST

Wie etliche Ratgeber und so manches Filmzitat schon sagten: »Liebe dich selbst, erst dann kannst du von anderen geliebt werden.« Abgedroschen? Ja. Doch dadurch nicht weniger wahr. Ich hörte auf, mich für alles zu kritisieren. Gönnte mir eine Verschnaufpause, hörte auf meinen Körper und sah mich mit liebevollen Augen an. Das war nicht immer leicht, doch unabdingbar für die Erfüllung meines Wunsches.

TUN

01 PLATZ SCHAFFEN

Ich wollte einen Menschen in mein Leben ziehen. Und der brauchte Platz! So begann ich, meine Single-Wohnung in ein Pärchen-Zuhause zu verwandeln. Ich räumte Schubladen frei, schlief auf nur einer Seite des Bettes und kaufte Snacks für zwei. Wann auch immer mein Universum mir meinen Wunsch erfüllen würde, meine Wohnung und ich wären bereit!

02 PAAR-RITUALE EINFÜHREN

Zugegeben, zu Beginn fühlt es sich noch ein bisschen befremdlich an, doch das verfliegt. Nach dem Absenden meines Wunsches ins Universum tat ich so, als wäre er bereits in Erfüllung gegangen. So betrat ich auch ohne Partner, der auf mich wartete, meine Wohnung mit einem: »Hallo Schatz, ich bin zuhause« und erzählte meiner Katze Jola stellvertretend von meinem Tag.

03 BRIEFE SCHREIBEN

Ich schrieb mir selbst Liebesbriefe aus der Sicht meines gewünschten Partners. Ich schrieb, wie ich beschrieben werden wollte, wie ich geliebt werden wollte und wurde mir so Brief für Brief klarer: Mit weniger bedingungsloser Liebe würde ich mich nicht zufrieden geben und alles dafür tun, meinen erfundenen Briefen in der echten Welt gerecht zu werden.

Wunscherfüller.

Meine Methoden des Manifestierens und Visualisierens kennst du nun. Doch welche wirst du für die Erfüllung deines Wunsches anwenden? Gehe in dich, recherchiere, werde kreativ und halte deine Wunscherfüller hier fest.

DENKEN

TUN

Affirmationen.

Sammle hier positive Sätze, die dein Hirn trainieren, nach deinen Wünschen zu tanzen! Formuliere passende Liebes-Affirmationen und sage sie mehrmals täglich auf. Und meine sie auch so.

ICH VERDIENE ALLE LIEBE DIESER WELT.

ICH WERDE BEDINGUNGSLOS GELIEBT. ICH LIEBE BEDINGUNGSLOS.

Zeichen erkennen.

Dein Universum wird dir immer wieder Zeichen schicken, die dir zeigen, dass die Erfüllung deines Wunsches eintreten wird. Sammle diese Vorboten hier und bleibe aufmerksam – dein Wunsch ist schon ganz in deiner Nähe.

Gedanken.

ICH VERTRAUE MEINEM UNIVERSUM

02 – Das Universum & der Job.

”

WENN ICH AUF MEINE
KARRIERE-ACHTERBAHNFAHRT
ZURÜCKBLICKE, MUSS ICH
SCHON SEHR SCHMUNZELN
UND MICH OFT KNEIFEN. WAS
AUF DEN ERSTEN BLICK EINE
CHAOTISCHE ANSAMMLUNG
VON JOBS WAR, ZEIGTE AUF
DEN ZWEITEN BLICK, IN
WELCHEN MAGISCHEN WEGEN
MEIN UNIVERSUM ARBEITET.

Wunschfinder.

Halte fest, welche Rolle deine Karriere momentan in deinem Leben spielt. Hat sie den Stellenwert, den du ihr gerne geben würdest? Wie fühlst du dich mit Blick auf dein Arbeitsleben?

IST - ZUSTAND

Schreibe auf, welche Rolle deine Karriere von nun an in deinem Leben einnehmen soll. Inwiefern möchtest du dich beruflich entwickeln und entfalten?

WUNSCH - ZUSTAND

Fokus-Wörter.

Gehe nun deine Gedanken zum Wunsch-Zustand auf der vorherigen Seite durch. Welche drei Wörter – Gefühle, Menschen, Dinge – sind dir dabei am wichtigsten? Schreibe sie in die Kästchen und führe aus, wieso genau diese drei Wörter ein Teil deines Wunsches sein werden.

Formulieren.

Bestimme nun die Basis deines Wunsches für das Job-Universum mit deinen Fokus-Wörtern im Hinterkopf. Befolge bei der Formulierung die Schritte aus der Übersicht Richtig wünschen und sende deinen Wunsch auf den Seiten 06-07 ins Universum.

LIEBES UNIVERSUM,

Tipps & Tricks zum Wünsche erfüllen.

Bevor du nun damit beginnst, deinen Wunsch aktiv zu verwirklichen, möchte ich dir zeigen, wie ich mir meinen Wunsch vom Traumjob erfüllt habe. Ich bin mir sicher, dass der ein oder andere Tipp in deiner ganz persönlichen Abwandlung perfekt zu dir und deinem Universum passt.

DENKEN

01 KINDHEITSTRÄUME DEUTEN

Um herauszufinden, was ich mir wirklich von einer Karriere erhoffte, habe ich mich in meine Kindheit zurückversetzt. Ich wollte immer auf großen Bühnen stehen und mit meinem Gesang alle in den Bann ziehen. Leider gehört das Singen nicht zu meinen Talenten und so begrub ich den Wunschtraum recht früh wieder. Was ich eigentlich wollte, war Menschen zu unterhalten. Ihnen eine Auszeit von ihren Sorgen bieten, sie auf das Schöne und Positive aufmerksam machen und Gefühle vermitteln. Das könnte ich auch ohne Gesangstalent erreichen!

02 SCHWARZMALEN

Oft trauen wir uns nicht ein (berufliches) Wagnis einzugehen, weil wir Angst vorm Scheitern haben. Deshalb male ich mir gerne das Worst-Case-Szenario aus. Für einen kontrollierten Zeitraum lasse ich dabei alle negativen Gefühle zu und lerne, mit der Katastrophe umzugehen. Nach einer Weile fühlt sich das Schlimmste gar nicht mehr so dramatisch und ausweglos an. Ich merke, dass ich mit dem Worst Case fertig werden kann. Wie gut würde ich mich dann erst schlagen, wenn er nicht eintreffen würde?

01 WORTSCHATZ ANPASSEN

Ändere ich die Art zu sprechen, ändere ich die Art zu denken! Diese Macht hat mir in meiner Karriere sehr weitergeholfen. Das Wort »müssen« hat für mich in den allermeisten Fällen einen negativen Beigeschmack.
Ein einfaches Beispiel: Statt zu sagen »Ich **muss** früh aufstehen«, sage ich: »Ich **will** früh aufstehen, um meiner Leidenschaft nachzugehen.«

02 UMWEGE GEHEN

Meine Karriere hat so einige Schlenker mitgemacht. Nicht jeder davon hat mich beruflich wirklich weitergebracht, doch umsonst war keiner von ihnen. Manchmal ist es nicht so wichtig, welcher Arbeit man gerade nachgeht, solange man etwas für sich mitnehmen kann. Meine sogenannten Soft-Skills habe ich zum Beispiel als Babysitterin (Verantwortungsbewusstsein), Promoterin (selbstbewusstes Auftreten) oder Komparsin (Durchhaltevermögen und Erfahrung) gesammelt. Keiner dieser Jobs war traumhaft, doch sie sind alle Teil meiner Traumkarriere!

03 FLEXIBEL PLANEN

Ich hatte nie einen festen Zukunftsplan. So ganz strategielos bin ich allerdings auch nicht – ganz im Gegenteil: Ich habe so viele Pläne, dass ich mir jeden Tag einen neuen aussuchen könnte. Es gibt immer mehr als nur einen Weg. Entweder entscheidet das Leben, welche Abzweigung ich nehme, oder ich befreie mich selbst aus einer festgefahrenen Situation und springe auf einen mir unbekannten Zug auf. Ich lasse mich gerne ablenken und probiere alles aus, was sich gut anfühlt!

Wunscherfüller.

Meine Methoden des Manifestierens und Visualisierens kennst du nun. Doch welche wirst du für die Erfüllung deines Wunsches anwenden? Gehe in dich, recherchiere, werde kreativ und halte deine Wunscherfüller hier fest.

DENKEN

TUN

Affirmationen.

Sammle hier positive Sätze, die dein Hirn trainieren, nach deinen Wünschen zu tanzen! Formuliere passende Karriere-Affirmationen und sage sie mehrmals täglich auf. Und meine sie auch so.

MEINE KARRIERE ERFÜLLT MICH MIT STOLZ.

MEINE ARBEIT WIRD WERTGESCHÄTZT.

Zeichen erkennen.

Dein Universum wird dir immer wieder Zeichen schicken, die dir zeigen, dass die Erfüllung deines Wunsches eintreten wird. Sammle diese Vorboten hier und bleibe aufmerksam – dein Wunsch ist schon ganz in deiner Nähe.

Gedanken.

ICH VERTRAUE MEINEM UNIVERSUM

03 – Das Universum & das Geld.

”

ICH RECHTFERTIGE MICH NICHT MEHR FÜR DAS, WAS ICH GESCHAFFT HABE UND WAS ICH NOCH ALLES IN MEINEM LEBEN ERREICHEN WERDE. ICH ENTSCHEIDE MICH GANZ BEWUSST DAZU, MEINE FRAU ZU STEHEN, EINE FINANZIELL UNABHÄNGIGE DAZU.

Wunschfinder.

Halte fest, welche Rolle Geld momentan in deinem Leben spielt. Welchen Stellenwert hat es, wie beeinflusst das Vorhandensein oder Fehlen von finanziellen Mitteln dein Leben? Welches Gefühl löst das Thema bei dir aus?

IST - ZUSTAND

Schreibe auf, welche Rolle Geld von nun an in deinem Leben einnehmen soll. Was sind deine finanziellen Ziele, wie möchtest du dich im Umgang mit Geld verhalten und was soll es dir ermöglichen?

WUNSCH - ZUSTAND

Gedanken.

ICH VERTRAUE MEINEM UNIVERSUM

MÖGEN ALL

DEINE WÜNSCHE

IN ERFÜLLUNG

GEHEN.

ÜBER DIE AUTORIN
– CARMEN KROLL –

Die Wahl-Kölnerin (als gebürtige Düsseldorferin nicht ganz unproblematisch) teilt ihr Leben seit 2016 mit mittlerweile über einer Million Followern über ihren Instagram-Account @carmushka. Zu ihren Themen gehören Lifestyle, Fashion und Business. Sie bricht aber auch gerne Tabus, indem sie offen über ihre Erfahrungen mit Panikattacken, Selbstzweifeln und toxischen Beziehungen spricht.

Die Powerfrau lebt ihr Wunschleben. Das ist nicht perfekt, aber genau so, wie sie es sich erwünscht hat. Und darum geht es in ihrem autobiografischen Ratgeber „Mein Kopf, ein Universum". In ihrem Buch schreibt Carmen von all den verworrenen und magischen Wegen, in denen ihr Universum sie schon ihr Leben lang begleitet und zeigt anhand ganz persönlicher Tipps und Tricks, wie sie aktiv dafür gesorgt hat, dass sich ihre Wünsche erfüllten.

Impressum.

www.mein-universum.de

TEXT & KONZEPT

Carmen Kroll & Lilly Adam

LAYOUT & ILLUSTRATION

Marie Vanhofen & Anina Fröschel

INFORMATION

Die Inhalte dieser Seiten wurden mit größter Sorgfalt erstellt. Für die Richtigkeit, Vollständigkeit und Aktualität der Inhalte, können wir jedoch keine Gewähr übernehmen. Autor*innen und Verlag können für eventuell auftretende Fehler oder Schäden nicht haftbar gemacht werden. Die Inhalte sind urheberrechtlich geschützt – die Vervielfältigung und Verbreitung ist, außer für nicht kommerzielle Zwecke, untersagt. Bei Bekanntwerden von entsprechenden Rechtsverletzungen werden wir diese Inhalte umgehend entfernen.

DRUCK

Fromm + Rasch GmbH & Co. KG
Breiter Gang 10–16 | 49074 Osnabrück

Heinen LOVEBRANDS

Verlag der Heinen Lovebrands GmbH
Hafenweg 26a | D-48155 Münster

ISBN 978-3-9821206-4-5
1. Auflage | 07/2021

Fokus-Wörter.

Gehe nun deine Gedanken zum Wunsch-Zustand auf der vorherigen Seite durch. Welche drei Wörter – Gefühle, Menschen, Dinge – sind dir dabei am wichtigsten? Schreibe sie in die Kästchen und führe aus, wieso genau diese drei Wörter ein Teil deines Wunsches sein werden.

Formulieren.

Bestimme nun die Basis deines Wunsches für das Geld-Universum mit deinen Fokus-Wörtern im Hinterkopf. Befolge bei der Formulierung die Schritte aus der Übersicht Richtig wünschen und sende deinen Wunsch auf den Seiten 06-07 ins Universum.

LIEBES UNIVERSUM,

Tipps & Tricks zum Wünsche erfüllen.

Bevor du nun damit beginnst, deinen Wunsch aktiv zu verwirklichen, möchte ich dir zeigen, wie ich mir meinen Wunsch von finanzieller Unabhängigkeit erfüllt habe. Ich bin mir sicher, dass der ein oder andere Tipp in deiner ganz persönlichen Abwandlung perfekt zu dir und deinem Universum passt.

DENKEN

01 TABUTHEMA ENTKRÄFTEN

Ich hatte lange Zeit viel zu großen Respekt vor dem Thema Finanzen, weil ich keinen blassen Schimmer davon hatte. Mit wachsendem beruflichen Erfolg wollte ich mein volles finanzielles Potential ausschöpfen. Einsteigerliteratur, Seminare, einfache Hörbücher und Podcasts halfen mir dabei.

02 DEM IMPOSTOR DIE STIRN BIETEN

»Wann merken die anderen wohl, dass ich gar nicht qualifiziert bin?« Indem ich mir diese und ähnliche Fragen immer wieder stellte, verwehrte ich mir, stolz auf meine Errungenschaften zu sein. Um sie zu entkräften, habe ich den selbstzerstörerischen Monolog in einen kämpferischen Dialog verwandelt. »Nein, ich werde nicht auffliegen, weil es nichts gibt, wofür ich auffliegen kann. Ich habe das alles hier verdient, nicht gestohlen und erlogen!«

03 VERINNERLICHTE WERTE HINTERFRAGEN

Ich ging zu Anfang von Niclas' und meiner Beziehung davon aus, dass er bei den

Dates nach der Rechnung greifen würde. Wieso war diese Erwartung in meinem Kopf? Sie sprach gegen alles, was ich als erfolgreiche Frau erreichen wollte. Jedes Mal, wenn ich heute merke, in festgefahrenen Rollenbildern zu denken, ermahne ich mich dazu, sie zu hinterfragen und upzudaten.

TUN

01 ÜBER DIE VERHÄLTNISSE LEBEN

Wenn ich immer nur für das Nötigste Geld ausgebe, merkt sich mein Universum das. Möchte ich mehr, muss ich das kommunizieren. Als Studentin verlangte mein Konto nach Nudeln mit Pesto, ich wählte aber immer öfter die teure Pizza vom Lieblingsitaliener. Das war damals finanziell nicht drin, vermittelte mir selbst und meinem Universum aber ein Gefühl von Luxus. Und das sollte schon bald ohne Gewissensbisse fester Bestandteil meines Lebens sein!

02 »GELD« DRUCKEN

Bevor mein Konto die gewünschte Zahl zeigte, druckte ich mir mein »Geld« selbst. Den falschen 500-Euro-Schein trug ich solange in meinem Portemonnaie, bis es sich ganz real und natürlich anfühlte, so viel Geld auf der hohen Kante zu haben. Mit der Zeit setzte ich mir höhere Ziele und signalisierte meinem Universum, dass ich bereit war, große Mengen Geld zu erhalten.

03 VERANTWORTUNG ABGEBEN

So sehr ich mich auch selbst mit dem Thema Finanzen auseinandersetze, so sehr weiß ich auch, dass es qualifiziertere Menschen dafür gibt. Weil es ihr Job ist. Ich habe mir Profis in mein finanzielles Leben geholt, denen ich vertraue. Natürlich nicht blind. Das letzte Wörtchen über meine Mittel behalte immer noch ich.

Wunscherfüller.

Meine Methoden des Manifestierens und Visualisierens kennst du nun. Doch welche wirst du für die Erfüllung deines Wunsches anwenden? Gehe in dich, recherchiere, werde kreativ und halte deine Wunscherfüller hier fest.

DENKEN

TUN

Affirmationen.

Sammle hier positive Sätze, die dein Hirn trainieren, nach deinen Wünschen zu tanzen! Formuliere passende Geld-Affirmationen und sage sie mehrmals täglich auf. Und meine sie auch so.

ICH BIN EIN GELDMAGNET.

ICH BIN FINANZIELL UNABHÄNGIG.

Zeichen erkennen.

Dein Universum wird dir immer wieder Zeichen schicken, die dir zeigen, dass die Erfüllung deines Wunsches eintreten wird. Sammle diese Vorboten hier und bleibe aufmerksam – dein Wunsch ist schon ganz in deiner Nähe.

Gedanken.

ICH VERTRAUE MEINEM UNIVERSUM

04 – Das Universum & die Freund-schaft.

”

ZU EINER GUTEN
BEZIEHUNG GEHÖREN
IMMER ZWEI.
ZU EINER TOXISCHEN
MEISTENS AUCH.

Wunschfinder.

Halte fest, welche Rolle Freundschaft momentan in deinem Leben spielt. Hat sie den Stellenwert, den du ihr gerne geben würdest? Wie lässt sie dich empfinden und wie lebst du sie im alltäglichen Leben?

IST - ZUSTAND

Schreibe auf, welche Rolle die Freundschaft von nun an in deinem Leben einnehmen soll. Was erhoffst und ersehnst du dir von ihr, wer soll Teil von ihr sein und wie soll sie dich fühlen lassen?

WUNSCH - ZUSTAND

Fokus-Wörter.

Gehe nun deine Gedanken zum Wunsch-Zustand auf der vorherigen Seite durch. Welche drei Wörter – Gefühle, Menschen, Dinge – sind dir dabei am wichtigsten? Schreibe sie in die Kästchen und führe aus, wieso genau diese drei Wörter ein Teil deines Wunsches sein werden.

Formulieren.

Bestimme nun die Basis deines Wunsches für das Freundschafts-Universum mit deinen Fokus-Wörtern im Hinterkopf. Befolge bei der Formulierung die Schritte aus der Übersicht Richtig wünschen und sende deinen Wunsch auf den Seiten 06-07 ins Universum.

LIEBES UNIVERSUM,

Tipps & Tricks zum Wünsche erfüllen.

Bevor du nun damit beginnst, deinen Wunsch aktiv zu verwirklichen, möchte ich dir zeigen, wie ich mir meinen Wunsch nach wahrer Freundschaft erfüllt habe. Ich bin mir sicher, dass der ein oder andere Tipp in deiner ganz persönlichen Abwandlung perfekt zu dir und deinem Universum passt.

DENKEN

01 GEDULDIG SEIN

Als Jugendliche passte ich mich an, um dazuzugehören und lief mit, um nicht zurückgelassen zu werden. Mit mir selbst hatten diese Freundschaften jedoch selten etwas zu tun. Ich war genauso austauschbar für die Gruppe, wie jede einzelne Person der Gruppe für mich. Meinem Glück zuliebe lernte ich, geduldig mit mir selbst und den Freund*innen zu sein, die ganz bald Teil meiner Welt sein sollten.

02 VERZEIHEN

Ich habe es mir zum Ziel gemacht, allen Menschen in meinem Leben zu verzeihen. Nicht um derentwillen, sondern um meinetwillen. Ich hege keinen Groll und vertreibe negative Gedanken aus meinem Universum. Das hawaiianische Vergebungsritual Hoʻoponopono half mir dabei, die Kontrolle über meine Gedanken wieder zurückzuerlangen. Informiere dich und probiere es aus!

03 AKZEPTIEREN

Manche Freundschaften sind nicht für die Ewigkeit bestimmt. Bei toxischen Beziehungen ist der Bruch oft schmerzhaft, wenn auch unumgänglich. Bei gesunden hingegen muss die Trennung nicht auf Streit begründet sein. Manche Freundschaften sind für einen begrenzten Zeitraum genau das, was man braucht. Und dann verabschiedet man sich mit Liebe im Herzen.

TUN

01 CHECKLISTE SCHREIBEN

Zunächst standen auf meiner Liste Dinge wie gleiche Interessen oder viel Zeit füreinander. Ich lernte schnell, dass es darauf für mich nicht wirklich ankam. Heute stehen auf meinem Zettel Dinge wie Vertrauen, Gönnen können und Loyalität. Fehlt irgendetwas davon, ist das für mich ein Freundschafts-Dealbreaker.

02 TOXISCHES ERKENNEN & VERBANNEN

Meine Checkliste von oben gibt es auch in der toxischen Version. Auf dieser Liste stehen all die Dinge, bei denen meine Alarmglocken schrillen. Sie umfasst Charaktereigenschaften, mit denen ich nicht kompatibel bin, Gefühle, die ich nicht dulden kann und Aussagen, die ich nicht mehr hören will. Neid, Egoismus, Habgierigkeit, Lügen und Misstrauen – dafür habe ich keinen Platz.

03 DEN HÖRER IN DIE HAND NEHMEN

Nicht jede Freundschaft, die Fehler hat, ist direkt toxisch. Ich persönlich habe eine Freundin, von der ich mich für eine Zeit lang trennen musste, unglaublich vermisst. Ich wollte sie für die Zukunft in meinem Leben wissen und habe deshalb den Entschluss gefasst, ihre einst so vertraute Nummer endlich wieder zu wählen.

Wunscherfüller.

Meine Methoden des Manifestierens und Visualisierens kennst du nun. Doch welche wirst du für die Erfüllung deines Wunsches anwenden? Gehe in dich, recherchiere, werde kreativ und halte deine Wunscherfüller hier fest.

DENKEN

TUN

Affirmationen.

Sammle hier positive Sätze, die dein Hirn trainieren, nach deinen Wünschen zu tanzen! Formuliere passende Freundschafts-Affirmationen und sage sie mehrmals täglich auf. Und meine sie auch so.

ICH KANN EINFACH ICH SEIN.

ICH ERLEBE WAHRE FREUNDSCHAFT.

Zeichen erkennen.

Dein Universum wird dir immer wieder Zeichen schicken, die dir zeigen, dass die Erfüllung deines Wunsches eintreten wird. Sammle diese Vorboten hier und bleibe aufmerksam – dein Wunsch ist schon ganz in deiner Nähe.

Gedanken.

ICH VERTRAUE MEINEM UNIVERSUM

05 – Das Universum & die Kontrolle.

”

MEIN LEBEN UND MICH SELBST
LIEBE ICH ZU SEHR, UM MIR
BEWUSST SCHADEN ZUZUFÜGEN.
ALSO DENKE ICH POSITIV.
JEDER NEGATIVE GEDANKE IST
ETWAS SCHLECHTES, DAS WIR
UNS SELBST ANTUN. DAFÜR IST
DAS LEBEN EINFACH VIEL
ZU WERTVOLL.

Wunschfinder.

Halte fest, wie sehr du dich momentan in Kontrolle über dein Leben fühlst. Bist du oft mit Angst konfrontiert, hält dich irgendetwas davon ab, die Zügel selbst in der Hand zu halten?

IST - ZUSTAND

Schreibe auf, welche Rolle ein selbstbestimmtes Leben von nun an für dich spielen soll. Wie wünschst du, dein Leben zu führen, welche Gefühle sollen Teil davon sein und welche verbannst du für die Zukunft?

WUNSCH - ZUSTAND

Fokus-Wörter.

Gehe nun deine Gedanken zum Wunsch-Zustand auf der vorherigen Seite durch. Welche drei Wörter – Gefühle, Menschen, Dinge – sind dir dabei am wichtigsten? Schreibe sie in die Kästchen und führe aus, wieso genau diese drei Wörter ein Teil deines Wunsches sein werden.

Formulieren.

Bestimme nun die Basis deines Wunsches für das Kontrolle-Universum mit deinen Fokus-Wörtern im Hinterkopf. Befolge bei der Formulierung die Schritte aus der Übersicht Richtig wünschen und sende deinen Wunsch auf den Seiten 06-07 ins Universum.

LIEBES UNIVERSUM,

Tipps & Tricks zum Wünsche erfüllen.

Bevor du nun damit beginnst, deinen Wunsch aktiv zu verwirklichen, möchte ich dir zeigen, wie ich mir den Wunsch nach Kontrolle über mein Leben erfüllt habe. Ich bin mir sicher, dass der ein oder andere Tipp in deiner ganz persönlichen Abwandlung perfekt zu dir und deinem Universum passt.

DENKEN

01 GEDANKENKARUSSELL STOPPEN

Sobald ich merke, dass meine Hypochondrie seelische und körperliche Schmerzen verursacht, mache ich mir bewusst, dass dies »nur« in meinem Kopf passiert und nichts davon Realität ist. Ich lasse die Todesangst kurz ungehindert zu und denke mir dann ein lautes »Stopp!«. Das Buch »Am I dying?!« hat mir dabei geholfen, scheinbar unheilbare Symptome als vorübergehende Zustände zu erkennen.

02 POSITIVE AFFIRMATIONEN VERINNERLICHEN

Positive Aussagen – Affirmationen – sind Teil jeder meiner Wünsche. Ganz besonders im Umgang mit meinen Ängsten greife ich regelmäßig auf sie zurück. Fast schon unterbewusst murmle ich im Alltag immer wieder Sätze wie »Ich bin gesund«, »Wir sind gesund«, »Meinen Liebsten geht es gut« vor mich hin. Sie gehören genau wie die Gesundheit meiner Familie und Freund*innen ganz natürlich zu mir.

01 DIE FAKTEN SPRECHEN LASSEN

Bevor ich herausfand, dass ich unter einer Panikstörung leide, habe ich mich ärztlich durchchecken lassen. So konnte ich körperliche Auslöser ausschließen und mir sicher sein, dass mein Herz nicht wirklich zu explodieren drohte. Es war gesund, mein Kopf würde das noch lernen.

02 ERDUNGSÜBUNGEN PRAKTIZIEREN

Wenn es nicht reicht, mich mit liebevollen Gedanken aus einer Panikattacke zu befreien, wende ich Erdungsübungen wie meine Version der 5-4-3-2-1-Methode an. Aus meiner unmittelbaren Nähe bestimme ich fünf Dinge, die ich sehen kann, vier Dinge, die ich fühlen kann, drei, die ich hören kann, zwei, die ich riechen kann und eine Sache, die ich schmecken kann. Diese zähle ich laut auf und merke mit jedem tiefen Atemzug zwischen den Worten, dass ich aus meinem Kopf wieder in die Realität komme.

03 DEN AUSTAUSCH SUCHEN

Ich muss zugeben, dass ich mich selbst noch nie in psychologische Behandlung begeben habe. Das ist etwas, auf das ich gleichermaßen stolz und nicht stolz bin. Ich habe es geschafft, ohne professionelle Hilfe mit meiner Panik umzugehen. Jedoch war ich nie allein. Ich habe eine Community, Freund*innen und einen Partner, die mich unterstützen und mich ernst nehmen. Sprich auch du unbedingt mit vertrauten Personen und / oder suche das Gespräch mit Profis!

Wunscherfüller.

Meine Methoden des Manifestierens und Visualisierens kennst du nun. Doch welche wirst du für die Erfüllung deines Wunsches anwenden? Gehe in dich, recherchiere, werde kreativ und halte deine Wunscherfüller hier fest.

DENKEN

TUN

Affirmationen.

Sammle hier positive Sätze, die dein Hirn trainieren, nach deinen Wünschen zu tanzen! Formuliere passende Kontrolle-Affirmationen und sage sie mehrmals täglich auf. Und meine sie auch so.

ICH BIN GESUND.

ICH HABE DIE KONTROLLE ÜBER MEIN LEBEN UND ALLES, WAS ES UMFASST.

Zeichen erkennen.

Dein Universum wird dir immer wieder Zeichen schicken, die dir zeigen, dass die Erfüllung deines Wunsches eintreten wird. Sammle diese Vorboten hier und bleibe aufmerksam – dein Wunsch ist schon ganz in deiner Nähe.

Gedanken.

ICH VERTRAUE MEINEM UNIVERSUM

06 – Das Universum & das Mamasein.

”

DIE ILLUSION, NACH DER GEBURT WIEDER DIE ALTE CARMEN ZU SEIN, SCHMINKTE ICH MIR IN DEM MOMENT AB, ALS ICH MEINE KLEINE, PERFEKTE TOCHTER MATHILDA DAS ERSTE MAL SCHREIEN HÖRTE UND SIE ANSCHLIESSEND ZITTERND AN MICH DRÜCKTE.

Wunschfinder.

IST - ZUSTAND

Halte fest, wie sehr dich dein Kinderwunsch oder deine Mutterrolle momentan beschäftigt. Bist du glücklich mit deinen Gedanken und der Art, wie du sie im Alltag lebst?

WUNSCH - ZUSTAND

Schreibe auf, welche Rolle das Mamasein von nun an in deinem Leben einnehmen soll. Möchtest du (mehr) Kinder? Wie möchtest du sie erziehen und wie soll das gemeinsame Leben aussehen?

Fokus-Wörter.

Gehe nun deine Gedanken zum Wunsch-Zustand auf der vorherigen Seite durch. Welche drei Wörter – Gefühle, Menschen, Dinge – sind dir dabei am wichtigsten? Schreibe sie in die Kästchen und führe aus, wieso genau diese drei Wörter ein Teil deines Wunsches sein werden.

Formulieren.

Bestimme nun die Basis deines Wunsches für das Mamasein-Universum mit deinen Fokus-Wörtern im Hinterkopf. Befolge bei der Formulierung die Schritte aus der Übersicht Richtig wünschen und sende deinen Wunsch auf den Seiten 06-07 ins Universum.

LIEBES UNIVERSUM,

Tipps & Tricks zum Wünsche erfüllen.

Bitte beachte: Zu behaupten, man kann sich ein Kind erwünschen, wäre respektlos allen gegenüber, die nicht so viel Glück haben. Das hier sind lediglich die Wege, mit denen ich mich selbst zu der Mama gemacht habe, die ich sein wollte.

DENKEN

01 VERTRAUEN

Schon lange hatte ich den Traum, Mama zu sein – irgendwann. Mein Universum erfüllte mir diesen Wunsch früher als erwartet, doch ich habe schnell verstanden, dass es kein zu früh oder zu spät gibt. Sollte es länger dauern als erhofft, gibt es dafür wahrscheinlich auch einen Grund. Es ist oft schwer, weiterhin an etwas zu glauben, ohne einen Funken Bestätigung zu erhalten. Versuche selbst dieser Funke Hoffnung zu sein, der dich weiterhin antreibt und Tag für Tag immer näher zu deinem Ziel bringt. Dein Wunsch wird wahr werden. Vertraue auf dein Universum!

02 ZUKUNFT AUSMALEN

Noch bevor Mathilda ihren ersten Atemzug tat, hatte ich viele Geschichten, die ich immer wieder im Kopf durchging. Wir beide Hand in Hand auf dem Hof meiner Oma in Polen, unsere kleine Familie im ersten Urlaub, kuschelige Wochenenden auf der Couch. Diese Bilder halfen mir dabei, den neuen Alltag als etwas zu erkennen, das ich unbedingt leben wollte.

03 ZURÜCKDENKEN

Um meiner Tochter eine schöne Kindheit zu bereiten, denke ich an meine eigene zurück. Woran erinnere ich mich? Was bringt mich noch heute rückblickend zum Lächeln? Welche Dinge möchte ich anders machen und worauf möchte ich besonders Wert legen? Nicht die perfekten Momente, sondern die besonders liebevollen, witzigen und emotionalen. Genau solche Erinnerungen will ich auch Mathilda schenken.

TUN

01 DAS KIND BEIM NAMEN NENNEN

Sobald wir wussten, dass wir ein Mädchen erwarteten, sprachen wir Mathilda mit ihrem Namen an. Noch im Bauch haben wir mit ihr gesprochen, als wäre sie bereits da. Als sie schließlich geboren wurde, fühlte es sich natürlich an, nun ein Baby im Haus zu haben. Sie ist vorher schließlich auch schon bei uns gewesen – lediglich gut versteckt. Vielleicht hilft es dir bei einem unerfülltem Kinderwunsch, dein zukünftiges Baby namentlich in deinen Alltag zu integrieren.

02 GESCHICHTEN DURCH DIE REALITÄT ERSETZEN

All die wunderschönen Geschichten, die ich mir vor Mathildas Geburt ausgemalt hatte, trafen genau so nie ein. Manche konnten nicht real werden, da meine geliebte Oma beispielsweise nicht mehr am Leben ist. Doch die Realität muss nicht so perfekt sein wie meine Traumgedanken. Wir leben unsere unperfekten Geschichten als Familie nun in der echten Welt, inklusive Windel-Notstand, kleinen Pannen und großen Lachanfällen.

Wunscherfüller.

Meine Methoden des Manifestierens und Visualisierens kennst du nun. Doch welche wirst du für die Erfüllung deines Wunsches anwenden? Gehe in dich, recherchiere, werde kreativ und halte deine Wunscherfüller hier fest.

DENKEN

TUN

Affirmationen.

Sammle hier positive Sätze, die dein Hirn trainieren, nach deinen Wünschen zu tanzen! Formuliere passende Mamasein-Affirmationen und sage sie mehrmals täglich auf. Und meine sie auch so.

ICH BIN BEREIT, MAMA ZU SEIN.

ICH GEBE MEINEM KIND ALLES, WAS ES BRAUCHT.

Zeichen erkennen.

Dein Universum wird dir immer wieder Zeichen schicken, die dir zeigen, dass die Erfüllung deines Wunsches eintreten wird. Sammle diese Vorboten hier und bleibe aufmerksam – dein Wunsch ist schon ganz in deiner Nähe.

Gedanken.

ICH VERTRAUE MEINEM UNIVERSUM

07 – Das Universum & die Heimat.

”

ICH BIN POLIN, TEIL-
WEISE DEUTSCHER ALS DIE
DEUTSCHESTE KARTOFFEL.
DAS IST IN ORDNUNG. EINE
PASSENDE SCHUBLADE HABE
ICH FÜR MICH NIE GEFUNDEN
UND HABE GELERNT, DASS ICH
MICH NICHT EINORDNEN MUSS.
ICH FÜHLE MICH HEIMISCH MIT
MIR UND MEINER IDENTITÄT.

Wunschfinder.

IST - ZUSTAND

Halte fest, welche Rolle Heimat momentan in deinem Leben spielt. Hast du das Gefühl, angekommen zu sein? Welche Menschen sind Teil deines Heimatgefühls und was fehlt dir vielleicht noch?

WUNSCH - ZUSTAND

Schreibe auf, welche Rolle Heimat von nun an in deinem Leben spielen soll. Wo möchtest du dich zuhause fühlen, welche Menschen umgeben dich und welches Gefühl begleitet dich?

Fokus-Wörter.

Gehe nun deine Gedanken zum Wunsch-Zustand auf der vorherigen Seite durch. Welche drei Wörter – Gefühle, Menschen, Dinge – sind dir dabei am wichtigsten? Schreibe sie in die Kästchen und führe aus, wieso genau diese drei Wörter ein Teil deines Wunsches sein werden.

Formulieren.

Bestimme nun die Basis deines Wunsches für das Heimat-Universum mit deinen Fokus-Wörtern im Hinterkopf. Befolge bei der Formulierung die Schritte aus der Übersicht Richtig wünschen und sende deinen Wunsch auf den Seiten 06-07 ins Universum.

LIEBES UNIVERSUM,

Tipps & Tricks zum Wünsche erfüllen.

Bevor du nun damit beginnst, deinen Wunsch aktiv zu verwirklichen, möchte ich dir zeigen, wie ich mir den Wunsch nach Heimat erfüllt habe. Ich bin mir sicher, dass der ein oder andere Tipp in deiner ganz persönlichen Abwandlung perfekt zu dir und deinem Universum passt.

DENKEN

01 TRAUMHAUS GEDANKLICH EINRICHTEN

Seitdem ich mir mein Traumhaus wünsche, richte ich gedanklich ein Zimmer nach dem anderen ein. Manche Ideen verwerfe ich mit der Zeit wieder, andere mache ich mit konkreten Plänen realer und signalisiere mir damit, dass ich irgendwann genau so leben werde.

02 VORFREUDE LEBEN

Mich wehleidig auf das zu konzentrieren, was ich noch nicht gefunden hatte, hat mich nie weitergebracht. Statt zu denken, dass ich nun endlich mein Traumhaus finden will, habe ich meine Gedanken so verändert, dass sie Freude statt Frust auslösen. »Ich ziehe bald um und stehe in meinem Traumhaus. Ich kann es kaum erwarten!«

03 INNERLICH AUF DIE VERÄNDERUNG EINSTELLEN

Machen wir es uns emotional zu gemütlich, werden wir Veränderung verhindern.

Ich habe gedanklich schon lange mit unserer alten Wohnung abgeschlossen, bevor wir etwas Neues gefunden haben und mich so bereit dafür gemacht, aufzubrechen.

TUN

01 VISION BOARD ERSTELLEN

Zeitschriften, Pinterest, Gedanken – ich habe lange bevor die finanziellen Mittel für unser Eigenheim da waren, mein Traumhaus visualisiert. Dabei habe ich Stile abgebildet, Orte, Menschen und Gefühle aufs Papier gebracht, die für mein persönliches Heimatgefühl nicht fehlen dürfen.

02 GEGEND ERKUNDEN

Ein Zuhause ist mehr als eine Ansammlung von Steinen und Ziegeln. Es ist auch der Ort, an dem das Haus steht und die Atmosphäre, die es umgibt. Zusätzlich zu jeder Besichtigung haben Niclas und ich einen Spaziergang durch die Umgebung gemacht, in der die Immobilie steht, und so ein Gefühl dafür bekommen, ob wir uns ein Leben dort vorstellen könnten.

03 AUFBRUCHSTIMMUNG VERBREITEN

Sobald wir wussten, dass wir uns nach einem neuen Zuhause umsehen wollten, lebten wir bewusst mit kleinen Baustellen in der Wohnung. Die Gardinen im Schlafzimmer blieben noch vor dem Kauf unseres neuen Hauses ein Provisorium. Es war egal, wie unprofessionell und unschön sie auch aussahen – wir würden sie sowieso nicht mehr lange anschauen müssen!

Wunscherfüller.

Meine Methoden des Manifestierens und Visualisierens kennst du nun. Doch welche wirst du für die Erfüllung deines Wunsches anwenden? Gehe in dich, recherchiere, werde kreativ und halte deine Wunscherfüller hier fest.

DENKEN

TUN

Affirmationen.

Sammle hier positive Sätze, die dein Hirn trainieren, nach deinen Wünschen zu tanzen! Formuliere passende Heimat-Affirmationen und sage sie mehrmals täglich auf. Und meine sie auch so.

ICH FÜHLE MICH GEBORGEN.

ICH WOHNE IN MEINEM TRAUMHAUS.

Zeichen erkennen.

Dein Universum wird dir immer wieder Zeichen schicken, die dir zeigen, dass die Erfüllung deines Wunsches eintreten wird. Sammle diese Vorboten hier und bleibe aufmerksam – dein Wunsch ist schon ganz in deiner Nähe.

Gedanken.

ICH VERTRAUE MEINEM UNIVERSUM

08 – Das Universum & die Selbstliebe.

”

GENUG ZU SEIN, IST KEIN WUNSCH, DEN WIR UNS ERFÜLLEN MÜSSEN. WIR SIND ES – SOGAR OHNE UNIVERSUM. PUNKT. UNSER UNIVERSUM KANN UNS LEDIGLICH DABEI HELFEN, ES ENDLICH ZU ERKENNEN.

Wunschfinder.

Halte fest, welche Rolle Selbstliebe momentan in deinem Leben spielt. Wie äußert sie sich in deinem Alltag, wo fehlt sie dir vielleicht in manchen Situationen?

IST - ZUSTAND

Schreibe auf, welche Rolle Selbstliebe von nun an in deinem Leben spielen soll. Wie möchtest du dich selbst sehen und wie möchtest du dich fühlen? Was soll sie dir ermöglichen und wer soll dir als Stütze beistehen?

WUNSCH - ZUSTAND

Fokus-Wörter.

Gehe nun deine Gedanken zum Wunsch-Zustand auf der vorherigen Seite durch. Welche drei Wörter – Gefühle, Menschen, Dinge – sind dir dabei am wichtigsten? Schreibe sie in die Kästchen und führe aus, wieso genau diese drei Wörter ein Teil deines Wunsches sein werden.

Formulieren.

Bestimme nun die Basis deines Wunsches für das Selbstliebe-Universum mit deinen Fokus-Wörtern im Hinterkopf. Befolge bei der Formulierung die Schritte aus der Übersicht Richtig wünschen und sende deinen Wunsch auf den Seiten 06-07 ins Universum.

LIEBES UNIVERSUM,

Tipps & Tricks zum Wünsche erfüllen.

Bevor du nun damit beginnst, deinen Wunsch aktiv zu verwirklichen, möchte ich dir zeigen, wie ich mir den Wunsch nach Selbstliebe erfüllt habe. Ich bin mir sicher, dass der ein oder andere Tipp in deiner ganz persönlichen Abwandlung perfekt zu dir und deinem Universum passt.

DENKEN

01 TOXISCHE GEDANKEN VERBANNEN

Wer Positives aussendet, empfängt auch Positives. Ich finde mich nicht immer toll, doch ich achte darauf, dass jeder negative Gedanke von mindestens zwei neuen positiven überlagert wird. Komplimente, liebevolle Worte und ermutigende Gedanken helfen mir jeden Tag dabei, mich selbst ein bisschen mehr zu lieben.

02 UNVERGLEICHLICH SEIN

Sehr lange Zeit habe ich mich mit anderen verglichen – schöner, klüger, erfolgreicher, glücklicher. Es ist schwer, diese Gedanken zu verdrängen, doch ich habe angefangen, meine Vergleiche bewusst zu überdenken. Die Person, die ich beneide, hat ganz sicher auch etwas, das sie oder er gerne an sich ändern würde. Es wäre nicht fair, sie als perfekter als mich darzustellen. Weder mir, noch ihr gegenüber.

01 AUSMISTEN

Um das ewige Vergleichen im Keim zu ersticken, miste ich regelmäßig meine Social-Media-Abos aus. Nicht unbedingt, weil diese Accounts mir nichts Gutes tun, sondern weil mein Blick auf sie mir nicht guttut. Im echten Leben ist das mit dem Ausmisten schwieriger, aber manchmal unumgänglich.

02 PAUSE-TASTE DRÜCKEN

Trotz des Wissens, dass ich genauso, wie ich bin, genug bin, kann ich negative Gedanken nicht immer vermeiden. Aber ich kann sie entkräften. Habe ich einen solchen schlechten Tag, ignoriere ich meine To-dos und verschiebe Termine. Dann brauche ich Zeit für Dinge, die mich wieder erden. Spaziergänge, Telefonate oder ein entspannter Serienabend helfen mir, kurz abzuschalten und meinen Gedanken Luft zum Atmen zu geben.

03 GESCHICHTEN UMSCHREIBEN

Erinnerungen, die mir wehtun und in denen ich mich als Opfer gefühlt habe, schreibe ich nachträglich um. Ich nehme das Grundgerüst des Geschehens und baue meine neue Version mit dem Dialog, den Handlungen und dem Finale, das ich mir wünsche. Ich schreibe meine Erinnerungen so lange um, bis die eigentlichen verblassen und mir nicht mehr schaden können.

Wunscherfüller.

Meine Methoden des Manifestierens und Visualisierens kennst du nun. Doch welche wirst du für die Erfüllung deines Wunsches anwenden? Gehe in dich, recherchiere, werde kreativ und halte deine Wunscherfüller hier fest.

DENKEN

TUN

Affirmationen.

Sammle hier positive Sätze, die dein Hirn trainieren, nach deinen Wünschen zu tanzen! Formuliere passende Selbstliebe-Affirmationen und sage sie mehrmals täglich auf. Und meine sie auch so.

ICH BIN GENUG.

ICH LIEBE MICH.

Zeichen erkennen.

Dein Universum wird dir immer wieder Zeichen schicken, die dir zeigen, dass die Erfüllung deines Wunsches eintreten wird. Sammle diese Vorboten hier und bleibe aufmerksam – dein Wunsch ist schon ganz in deiner Nähe.

Gedanken.

ICH VERTRAUE MEINEM UNIVERSUM

09 – Das Universum & das Karma.

”

DER WUNSCH NACH GUTEM
KARMA IST EIN GANZ
BESONDERER. ER IST EINE
LEBENSAUFGABE.

Wunschfinder.

Halte fest, welche Rolle Karma momentan in deinem Leben spielt. Wie begegnet es dir im Alltag und was trägst du selbst dazu bei, um gutes Karma anzuziehen?

IST - ZUSTAND

Schreibe auf, welche Rolle Karma von nun an in deinem Leben spielen soll. Was möchtest du empfangen und wie möchtest du gutes Karma anziehen? In welcher Form wirst du dein Glück teilen?

WUNSCH - ZUSTAND

Fokus-Wörter.

Gehe nun deine Gedanken zum Wunsch-Zustand auf der vorherigen Seite durch. Welche drei Wörter – Gefühle, Menschen, Dinge – sind dir dabei am wichtigsten? Schreibe sie in die Kästchen und führe aus, wieso genau diese drei Wörter ein Teil deines Wunsches sein werden.

Formulieren.

Bestimme nun die Basis deines Wunsches für das Karma-Universum mit deinen Fokus-Wörtern im Hinterkopf. Befolge bei der Formulierung die Schritte aus der Übersicht Richtig wünschen und sende deinen Wunsch auf den Seiten 06-07 ins Universum.

LIEBES UNIVERSUM,

Tipps & Tricks zum Wünsche erfüllen.

Bevor du nun damit beginnst, deinen Wunsch aktiv zu verwirklichen, möchte ich dir zeigen, wie ich mir den Wunsch nach gutem Karma erfüllt habe. Ich bin mir sicher, dass der ein oder andere Tipp in deiner ganz persönlichen Abwandlung perfekt zu dir und deinem Universum passt.

DENKEN

01 GUTE GEDANKEN ANZIEHEN

Karma ist keine Einbahnstraße. Es strahlt dir das entgegen, was du ausstrahlst. In meinen frühen Zwanzigern ist mir so viel Mist passiert, dass ich irgendwann nicht mehr umher kam, mir die Frage zu stellen, was ich denn Falsches tat. Ich sendete negative Energie in mein Umfeld und in mein Universum. Versank immer tiefer in der Opferrolle, wurde pessimistisch und erwartete jeden Tag, wieder Schmerz zu fühlen. Ich machte mich bereit, Negatives zu empfangen und genau das war mein Fehler. Nach und nach machte ich mich nach dieser Einsicht bereit, Positives anzuziehen, indem ich mit dem Besten rechnete, Rückschläge als Lehre annahm und kleine Glücksmomente feierte.

02 NEGATIVES UMKEHREN

Was, wenn man etwas Schlechtes getan hat und es im Nachhinein bereut? Wenn ich merke, dass mein Karma-Kreislauf sich in die falsche Richtung dreht, ist mein erster Gedanke: Wie kann ich nun schnell etwas Nettes und Selbstloses tun, damit das schlechte Karma ausbleibt? So funktioniert das Ganze aber nicht. Und das ist auch gut so. Ich erhalte mein schlechtes Karma nicht, damit ich mich ärgere, sondern um daran zu wachsen. Nur ich selbst habe es mir eingebrockt und werde in Zukunft so handeln, dass es mir nicht mehr zuteil wird. Doch da muss ich dann erstmal durch – der Part des Lernens und Wachsens lässt sich nicht überspringen oder vorspulen.

03 GLAUBEN

Ganz losgelöst von einer spezifischen Religion wusste ich schon immer, dass es dort irgendwas oder irgendwen gibt, der / die / das über mich wacht. Etwas, das Unbegreifliches für mich begreiflich macht. Für mich ist dies mein Universum und das Karma, das durch dessen Weiten fließt. Für mich ist es all das Glück, an dem ich mich jeden Tag erfreue. Es ist der Glaube an die unendlichen Möglichkeiten des Lebens. Und daran lasse ich keine Zweifel zu.

TUN

01 KARMA-BUCKET-LIST SCHREIBEN

Ich liebe To-dos, Pläne und Ziele. Ob ich sie immer abhake oder erreiche, ist dabei nicht das Wichtigste. Solange ich mein Leben so führe, dass ich all meinen Zielen im Leben näher komme, bin ich auf dem richtigen Weg. Mein Tipp: Schreibe dir eine Karma-Bucket-List (wie beispielsweise ein wohltätiges Projekt zu leiten) und lebe ab sofort so, als wäre die Erfüllung nur eine Frage der Zeit.

02 GLÜCK VERMEHREN

Mit gutem Karma kommt großes Glück. Und nach all dem Schlamassel in meinem Leben bin ich nun in der Position, viel zu viel Glück für eine Person allein zu haben. Ich teile es mit meinen Liebsten, doch dadurch vermehrt es sich zusätzlich! Also mache ich weiter. Schenke Glück in Form von Liebe, von Wissen, von Geld. Und erhalte dafür so viel mehr zurück als ich je hätte geben können.

Wunscherfüller.

Meine Methoden des Manifestierens und Visualisierens kennst du nun. Doch welche wirst du für die Erfüllung deines Wunsches anwenden? Gehe in dich, recherchiere, werde kreativ und halte deine Wunscherfüller hier fest.

DENKEN

TUN

Affirmationen.

Sammle hier positive Sätze, die dein Hirn trainieren, nach deinen Wünschen zu tanzen! Formuliere passende Karma-Affirmationen und sage sie mehrmals täglich auf. Und meine sie auch so.

ICH ZIEHE GUTES KARMA AN.

ICH BIN EIN GLÜCKSMAGNET.

Zeichen erkennen.

Dein Universum wird dir immer wieder Zeichen schicken, die dir zeigen, dass die Erfüllung deines Wunsches eintreten wird. Sammle diese Vorboten hier und bleibe aufmerksam – dein Wunsch ist schon ganz in deiner Nähe.